1 Teig = 50 Muffins

Parragon

Bath • New York • Singapore • Hong Kong • Cologne • Delhi
Melbourne • Amsterdam • Johannesburg • Auckland • Shenzhen

Fotografien: Clive Bozzard-Hill
Food-Styling: Sandra Baddeley, Carol Tennant und Philippa Vanstone
Layout: Simon Levy
Text: Susanna Tee

Produktion der deutschen Ausgabe: trans texas publishing, Köln
Übersetzung: Wiebke Krabbe, Damlos
Lektorat und Satz: Aicha Becker, Köln
Projektmanagement: Nazire Ergün, Köln

ISBN 978-1-4454-2762-1

Printed in Indonesia

Hinweis:
Sofern die Schale von Zitrusfrüchten benötigt wird, verwenden Sie unbedingt unbehandelte Früchte.
Sind Zutaten in Löffeln angegeben, ist immer ein gestrichener Löffel gemeint: Ein Teelöffel entspricht 5 ml, ein Esslöffel 15 ml.
Sofern nicht anders angegeben, wird Vollmilch (3,5 % Fett) verwendet.
Es sollte stets frisch gemahlener schwarzer Pfeffer verwendet werden.
Falls nicht anders angegeben, verwenden Sie bei Eiern und einzelnen Gemüsesorten, z. B. Kartoffeln, mittelgroße Exemplare.
Kinder, ältere Menschen, Schwangere, Kranke und Rekonvaleszenten sollten auf Gerichte mit rohen oder nur leicht gegarten Eiern verzichten.
Die angegebenen Zeiten können von den tatsächlichen leicht abweichen, da je nach verwendeter Zubereitungsmethode und vorhandenem Herdtyp Schwankungen auftreten.

Inhalt

Einleitung

Ein frisch gebackener Muffin in seinem Papierförmchen sieht so verführerisch aus, dass Kinder und Erwachsene ihm kaum widerstehen können. Warum backen Sie nicht einfach einige? Die Muffins in diesem Buch sind schnell und einfach zuzubereiten, und die meisten Zutaten haben Sie vermutlich ohnehin im Schrank. Alle Rezepte sind Variationen eines einzigen Grundrezepts (Seite 8).

Die wichtigsten Küchenhelfer

Mehr als eine große Schüssel, ein Sieb, einen Messbecher, eine Waage, einen Messlöffel und eine Muffin-Form mit nahtlosen Vertiefungen und abgerundeten Ecken brauchen Sie nicht. Wer möchte, benutzt eine Muffin-Form mit Antihaftbeschichtung oder eine aus Silikon, an der die Muffins nicht festkleben. Normale Muffin-Formen haben 6 oder 12 Vertiefungen, extragroße haben 6 und Formen für Mini-Muffins 12 oder 24. Für herzhafte Muffins empfiehlt sich das Miniformat, vor allem, wenn man sie als Fingerfood anbieten will. Die Rezepte in diesem Buch ergeben 12 normale oder 48 Mini-Muffins. Die Backzeit liegt bei 15 bis 20 Minuten.

Backt man den Teig in Papierförmchen, die in verschiedenen Größen erhältlich sind, lassen sich die Muffins später leicht aus der Form nehmen. Außerdem verhindern die Förmchen das Austrocknen der Muffins und sind praktisch für unterwegs. Man kann Muffins aber auch problemlos direkt in der Metallform backen.

Diese sollte dann gut mit Öl oder zerlassener Butter eingefettet sein, damit sich die Muffins leicht herausnehmen lassen. Direkt in der Form gebackene Muffins bekommen eine schönere Kruste.

Grundzutaten

Die Grundzutaten für alle Muffins sind Mehl, Backpulver, Salz, Zucker, Eier, Milch oder ein Milchprodukt, Öl oder Butter sowie Vanillearoma.

Feines Weizenmehl geht mit Backpulver schön locker auf. Verwendet man ein Sauermilchprodukt wie Joghurt, muss Natron zugegeben werden, um das Säure-Base-Verhältnis auszugleichen. Ein Teil des Weizenmehls – aber nicht mehr als die Hälfte – kann auch durch andere Mehl- oder Getreidesorten ersetzt werden. Mit Weizen-Vollkornmehl wird der Teig fester und bekommt einen leicht nussigen Geschmack. Kleie, Haferflocken oder Weizenkeime sorgen für mehr Biss, Maisgrieß für eine leicht körnige Konsistenz.

Zucker kann in allen Varianten von weiß bis dunkelbraun verwendet werden. Brauner Zucker gibt den Muffins Farbe, ein kräftigeres Aroma und eine saftigere Konsistenz.

Für alle Rezepte werden mittelgroße Eier verwendet. Sie sollten frühzeitig aus dem Kühlschrank genommen und zimmerwarm verarbeitet werden, damit der Teig nicht gerinnt.

Die flüssigen Zutaten können variiert werden: Milch, Buttermilch, Joghurt, saure Sahne, Schlagsahne, Kokosmilch, Fruchtsäfte und -pürees sind geeignet.

Auch Öl und Butter sind austauschbar. Geschmack und Konsistenz fallen mit Butter besser aus, dafür werden die Muffins mit Öl saftiger. Öl hat außerdem den Vorteil, dass man es nicht erst zerlassen und abkühlen lassen muss. Besonders mild ist Sonnenblumenöl. Für das Grundrezept benötigen Sie 6 Esslöffel Öl oder 90 g Butter, doch die Mengen können von 4 Esslöffeln Öl oder 60 g Butter bis 8 Esslöffel Öl oder 120 g Butter variiert werden. Je mehr Fett Sie verwenden, desto länger halten sich die Muffins.

Weitere Zutaten

Frisches Obst, etwa Beeren, Bananen und Äpfel, oder Trockenfrüchte wie Sultaninen, Korinthen, Cranberrys, Blaubeeren, Aprikosen, Datteln oder Dörrpflaumen sind leckere Beigaben zum Muffin-Teig. Gut abgetropfte Früchte aus der Dose können ebenso verwendet werden wie tiefgefrorene, die nicht aufgetaut werden sollten.

Schokolade macht Muffins besonders üppig. Ob Zartbitter, Vollmilch oder weiße Schokolade – am besten eignen sich große Flocken oder Schokotröpfchen. Wer Kakaopulver benutzt, muss die Mehlmenge entsprechend reduzieren. Auch etwas Kaffee im Teig schmeckt prima.

Zum Aromatisieren eignen sich ganze, gehackte, gehobelte oder gemahlene Nüsse gut. Besonders saftig wird der Teig mit gemahlenen Nüssen. Wählen Sie nach Geschmack zwischen Walnüssen, Pekannüssen, Pinienkernen, Pistazien, Erdnüssen, Mandeln, Cashewkernen, Macadamianüssen oder Haselnüssen. Probieren Sie auch einmal Sesamsaat, Sonnenblumen- oder Kürbiskerne oder vielleicht Mohnsamen.

Wer mag, kann mit Gewürzen wie Zimt, Muskatnuss, Ingwer, Gewürznelken oder Gewürzmischungen experimentieren. Zitronenschale, Aromen (Vanille oder Bittermandel), Rum, Weinbrand oder Ihr Lieblingslikör sind weitere gute Geschmackszutaten.

Für herzhafte Muffins können Sie Käse, Kräuter, Nüsse, gegartes Fleisch, Fisch oder Meeresfrüchte sowie Gemüse – frisch,

tiefgefroren oder aus der Dose – verwenden. Sehr gut schmecken geraspelte Zucchini, Karotten oder gehackte Paprika.

Perfekte Muffins: So klappt es

- Den Backofen immer vorheizen und die Tür während der Backzeit nicht öffnen.
- Alle Zutaten genau abwiegen oder abmessen.
- Die Backpulvermenge nicht erhöhen. Bei mehr Backpulver gehen die Muffins nicht besser auf, sondern fallen zusammen, werden klebrig und schmecken unangenehm.
- Den Teig nur kurz durchmischen. Nicht zu stark rühren, sonst werden die Muffins zäh. Die Zutaten sollen eben durchfeuchtet sein, der Teig darf noch klumpig aussehen und einige Mehlschlieren haben.
- Nach dem Anrühren den Teig sofort backen, denn sobald Flüssigkeit zugegeben wird, beginnt das Backpulver, den Teig zu lockern und in die Höhe zu treiben.
- Die Muffins nicht zu lange backen, sonst werden sie trocken.
- Muffins schmecken am besten frisch oder am Tag nach der Zubereitung. Falls unbedingt nötig, kann man sie in einer luftdicht verschlossenen Dose aufbewahren. Zum Aufwärmen den Backofen auf 150 °C vorheizen und die Muffins 5 bis 10 Minuten aufbacken. Alternativ in der Mikrowelle auf hoher Stufe 20 bis 30 Sekunden erwärmen.
- Muffins lassen sich gut einfrieren. Bei Zimmertemperatur 2 bis 3 Stunden auftauen oder die gefrorenen Muffins auf einem Backblech 15 bis 20 Minuten im vorgeheizten Backofen bei 180 °C aufbacken.

Grundrezept für Muffins

Ergibt 12 normale oder 48 Mini-Muffins

- ✳ Öl oder zerlassene Butter, zum Einfetten (falls verwendet)
- ✳ 280 g Mehl
  (kann bis zur Hälfte durch Vollkornmehl, Kleie, Haferflocken, Weizenkeime oder Maisgrieß ersetzt werden)
- ✳ 3 TL Backpulver
- ✳ ½ TL Natron, falls Joghurt verwendet wird
- ✳ 1 Prise Salz
- ✳ 120 g Zucker oder hellbrauner Zucker (für herzhafte Muffins den Zucker einfach weglassen)
- ✳ 2 Eier
- ✳ 250 ml Milch
  (je nach Rezept ersatzweise Buttermilch, Joghurt, saure Sahne, Schlagsahne, Crème double, Kokosmilch, Fruchtsaft oder Fruchtpüree)
- ✳ 6 EL Sonnenblumenöl oder 90 g Butter, zerlassen und abgekühlt
- ✳ 5 Tropfen Vanillearoma

Auf diesem Grundrezept basieren alle 50 Muffin-Variationen, die Sie auf den nächsten Seiten kennenlernen.

Bei jedem Rezept sind die Grundzutaten mit einem Sternchen (✳) gekennzeichnet. So müssen Sie nur der Anleitung folgen, um eine Vielfalt köstlicher, verführerischer Muffins zu entdecken.

Bitte beachten Sie, dass die Grundzutaten ab und zu etwas variieren können.

Verführerisch

Schoko-Sahne-Muffins

Ergibt 12 Stück

- Öl oder zerlassene Butter, zum Einfetten (falls verwendet)
- 225 g Mehl
- 50 g Kakaopulver
- 3 TL Backpulver
- 1 Prise Salz
- 120 g hellbrauner Zucker
- 150 g weiße Schokotröpfchen
- 2 Eier
- 250 g Crème double
- 6 EL Sonnenblumenöl oder 90 g Butter, zerlassen und abgekühlt

1. Den Backofen auf 200 °C vorheizen. Eine Muffin-Form mit 12 Vertiefungen einfetten oder mit Papierförmchen auslegen. Mehl, Kakaopulver, Backpulver und Salz in eine große Schüssel sieben. Zucker und Schokotröpfchen untermengen.

2. Die Eier in einem Rührbecher oder einer Schüssel leicht verquirlen. Crème double und Sonnenblumenöl einrühren. In die Mitte der trockenen Zutaten eine Vertiefung drücken und die flüssigen Zutaten hineingießen. Nur kurz vermischen, nicht zu intensiv rühren.

3. Den Teig mit einem Löffel in die Form füllen. Etwa 20 Minuten im Ofen backen, bis die Muffins aufgegangen sind und auf Fingerdruck leicht nachgeben.

4. Die Muffins in der Form 5 Minuten abkühlen lassen. Warm servieren oder aus der Form nehmen und auf einem Kuchengitter ganz auskühlen lassen.

Feine Karamell-Muffins

1. Den Backofen auf 200 °C vorheizen. Eine Muffin-Form mit 12 Vertiefungen einfetten oder mit Papierförmchen auslegen. Die Datteln mit dem Wasser in einem Mixer grob pürieren.
2. Mehl, Backpulver und Salz in eine große Schüssel sieben. Den Zucker untermengen.
3. Die Eier in einem Rührbecher oder einer Schüssel leicht verquirlen. Dattelpüree und Sonnenblumenöl einrühren. In die Mitte der trockenen Zutaten eine Vertiefung drücken und die flüssigen Zutaten hineingießen. Nur kurz vermischen, nicht zu intensiv rühren.
4. Den Teig mit einem Löffel in die Form füllen. Etwa 20 Minuten im Ofen backen, bis die Muffins aufgegangen und goldbraun sind und auf Fingerdruck leicht nachgeben.
5. Die Muffins in der Form 5 Minuten abkühlen lassen. Warm servieren oder aus der Form nehmen und auf einem Kuchengitter ganz auskühlen lassen. Vor dem Servieren jeden Muffin mit 1 Teelöffel Karamellcreme bestreichen.

Ergibt 12 Stück

- Öl oder zerlassene Butter, zum Einfetten (falls verwendet)
- 250 g entsteinte Datteln
- 250 ml Wasser
- 280 g Mehl
- 3 TL Backpulver
- 1 Prise Salz
- 120 g dunkelbrauner Zucker
- 2 Eier
- 6 EL Sonnenblumenöl oder 90 g Butter, zerlassen und abgekühlt
- 4 EL Karamellcreme (Dulce de leche, Fertigprodukt), zum Bestreichen

Marzipan-Muffins

1. Den Backofen auf 200 °C vorheizen. Eine Muffin-Form mit 12 Vertiefungen einfetten oder mit Papierförmchen auslegen. Die Marzipanrohmasse in 12 gleich große Portionen schneiden. Jede zu einer Kugel formen, dann mit dem Handballen flach drücken. Die Scheiben dürfen nicht größer als die Muffin-Formen sein.

2. Mehl, Backpulver und Salz in eine große Schüssel sieben. Den Zucker untermengen.

3. Die Eier in einem Rührbecher oder einer Schüssel leicht verquirlen. Milch, Sonnenblumenöl und Bittermandelaroma einrühren. In die Mitte der trockenen Zutaten eine Vertiefung drücken und die flüssigen Zutaten hineingießen. Nur kurz vermischen, nicht zu intensiv rühren.

4. Die Hälfte des Teigs mit einem Löffel in die Form füllen. In jede Vertiefung eine Scheibe Marzipanrohmasse legen, dann den restlichen Teig einfüllen. Auf jeden Muffin eine Mandel setzen. Etwa 20 Minuten im Ofen backen, bis die Muffins aufgegangen und goldbraun sind und auf Fingerdruck leicht nachgeben.

5. Die Muffins in der Form 5 Minuten abkühlen lassen. Warm servieren oder aus der Form nehmen und auf einem Kuchengitter ganz auskühlen lassen.

Ergibt 12 Stück

- Öl oder zerlassene Butter, zum Einfetten (falls verwendet)
- 175 g Marzipanrohmasse
- 280 g Mehl
- 3 TL Backpulver
- 1 Prise Salz
- 120 g Zucker
- 2 Eier
- 200 ml Milch
- 6 EL Sonnenblumenöl oder 90 g Butter, zerlassen und abgekühlt
- 5 Tropfen Bittermandelaroma
- 12 abgezogene Mandeln

Karotten-Muffins

1. Den Backofen auf 200 °C vorheizen. Eine Muffin-Form mit 12 Vertiefungen einfetten oder mit Papierförmchen auslegen. Mehl, Backpulver, Lebkuchengewürz und Salz in eine große Schüssel sieben. Braunen Zucker, Karotten, Walnüsse und Sultaninen untermengen.

2. Die Eier in einem Rührbecher oder einer Schüssel leicht verquirlen. Milch, Sonnenblumenöl, Orangensaft und abgeriebene Orangenschale einrühren. In die Mitte der trockenen Zutaten eine Vertiefung drücken und die flüssigen Zutaten hineingießen. Nur kurz vermischen, nicht zu intensiv rühren.

3. Den Teig mit einem Löffel in die Form füllen. Etwa 20 Minuten im Ofen backen, bis die Muffins aufgegangen und goldbraun sind und auf Fingerdruck leicht nachgeben.

4. Die Muffins in der Form 5 Minuten abkühlen lassen, dann auf einem Kuchengitter ganz auskühlen lassen.

5. Für die Creme Frischkäse und Butter in eine Schüssel geben. Den Puderzucker darübersieben und alles locker aufschlagen. Auf die abgekühlten Muffins streichen und mit Orangenzesten dekorieren. Die Muffins bis zum Servieren in den Kühlschrank stellen.

Ergibt 12 Stück

- Öl oder zerlassene Butter, zum Einfetten (falls verwendet)
- 280 g Mehl
- 3 TL Backpulver
- 1 TL Lebkuchengewürz
- 1 Prise Salz
- 120 g dunkelbrauner Zucker
- 200 g Karotten, geraspelt
- 50 g Walnüsse oder Pekannüsse, grob gehackt
- 50 g Sultaninen
- 2 Eier
- 175 ml Milch
- 6 EL Sonnenblumenöl
- fein abgeriebene Schale und Saft von 1 Orange
- Orangenzesten, zum Dekorieren

Creme

- 75 g Frischkäse
- 40 g Butter
- 40 g Puderzucker

5

Doughnut-Muffins mit Konfitüre

1. Den Backofen auf 200 °C vorheizen. Eine Muffin-Form mit 12 Vertiefungen einfetten oder mit Papierförmchen auslegen. Mehl, Backpulver und Salz in eine große Schüssel sieben. Den Zucker untermengen.

2. Die Eier in einem Rührbecher oder einer Schüssel leicht verquirlen. Milch, Sonnenblumenöl und Vanillearoma einrühren. In die Mitte der trockenen Zutaten eine Vertiefung drücken und die flüssigen Zutaten hineingießen. Nur kurz vermischen, nicht zu intensiv rühren.

3. Die Hälfte des Teigs mit einem Löffel in die Form füllen. In jede Vertiefung 1 Teelöffel Konfitüre geben, dann den restlichen Teig einfüllen. Etwa 20 Minuten im Ofen backen, bis die Muffins aufgegangen und goldbraun sind und auf Fingerdruck leicht nachgeben.

4. Inzwischen für den Belag die Butter zerlassen. Den Zucker in eine große, flache Schüssel geben. Die gebackenen Muffins 5 Minuten in der Form abkühlen lassen. Die Oberseiten jeweils erst in die flüssige Butter tauchen, dann im Zucker wälzen. Warm servieren oder auf einem Kuchengitter ganz auskühlen lassen.

Ergibt 12 Stück

- Öl oder zerlassene Butter, zum Einfetten (falls verwendet)
- 280 g Mehl
- 3 TL Backpulver
- 1 Prise Salz
- 120 g Zucker
- 2 Eier
- 200 ml Milch
- 6 EL Sonnenblumenöl oder 90 g Butter, zerlassen und abgekühlt
- 5 Tropfen Vanillearoma
- 4 EL Erdbeer- oder Himbeerkonfitüre

Belag

- 120 g Butter
- 150 g Zucker

Kaffee-Sahne-Muffins

Ergibt 12 Stück

- Öl oder zerlassene Butter, zum Einfetten (falls verwendet)
- 2 EL löslicher Kaffee
- 2 EL kochendes Wasser
- 280 g Mehl
- 3 TL Backpulver
- 1 Prise Salz
- 120 g dunkelbrauner Zucker
- 2 Eier
- 200 g Crème double
- 6 EL Sonnenblumenöl oder 90 g Butter, zerlassen und abgekühlt
- 300 g Schlagsahne
- Kakaopulver, zum Bestäuben
- 12 Kaffeebohnen mit Schokoladenüberzug, zum Dekorieren

1. Den Backofen auf 200 °C vorheizen. Eine Muffin-Form mit 12 Vertiefungen einfetten oder mit Papierförmchen auslegen. Den Kaffee mit dem Wasser in eine Tasse geben und unter Rühren auflösen. Abkühlen lassen.
2. Inzwischen Mehl, Backpulver und Salz in eine große Schüssel sieben. Den Zucker untermengen.
3. Die Eier in einem Rührbecher oder einer Schüssel leicht verquirlen. Crème double, Sonnenblumenöl und aufgelösten Kaffee einrühren. In die Mitte der trockenen Zutaten eine Vertiefung drücken und die flüssigen Zutaten hineingießen. Nur kurz vermischen, nicht zu intensiv rühren.
4. Den Teig mit einem Löffel in die Form füllen. Etwa 20 Minuten im Ofen backen, bis die Muffins aufgegangen und goldbraun sind und auf Fingerdruck leicht nachgeben.
5. Die Muffins in der Form 5 Minuten abkühlen lassen, dann auf einem Kuchengitter ganz auskühlen lassen.
6. Kurz vor dem Servieren die Sahne steif schlagen. Auf jeden Muffin einen Löffel Sahne geben, mit etwas Kakaopulver bestäuben und mit einer Schoko-Kaffeebohne dekorieren.

Schoko-Minz-Muffins

1. Den Backofen auf 200 °C vorheizen. Eine Muffin-Form mit 12 Vertiefungen einfetten oder mit Papierförmchen auslegen. Mehl, Backpulver und Salz in eine große Schüssel sieben. Zucker und Schokotröpfchen untermengen.

2. Die Eier in einem Rührbecher oder einer Schüssel leicht verquirlen. Milch, Sonnenblumenöl und Pfefferminzaroma einrühren. Nach Belieben die Lebensmittelfarbe untermischen. In die Mitte der trockenen Zutaten eine Vertiefung drücken und die flüssigen Zutaten hineingießen. Nur kurz vermischen, nicht zu intensiv rühren.

3. Den Teig mit einem Löffel in die Form füllen. Etwa 20 Minuten im Ofen backen, bis die Muffins aufgegangen sind und auf Fingerdruck leicht nachgeben.

4. Die Muffins in der Form 5 Minuten abkühlen lassen. Warm servieren oder aus der Form nehmen und auf einem Kuchengitter ganz auskühlen lassen. Vor dem Servieren mit Puderzucker bestäuben.

Ergibt 12 Stück

- Öl oder zerlassene Butter, zum Einfetten (falls verwendet)
- 280 g Mehl
- 3 TL Backpulver
- 1 Prise Salz
- 120 g Zucker
- 150 g Zartbitter-Schokotröpfchen
- 2 Eier
- 250 ml Milch
- 6 EL Sonnenblumenöl oder 90 g Butter, zerlassen und abgekühlt
- 5 Tropfen Pfefferminzaroma
- 1–2 Tropfen grüne Lebensmittelfarbe (nach Belieben)
- Puderzucker, zum Bestäuben

8

Schoko-Marshmallow-Muffins

1. Den Backofen auf 200 °C vorheizen. Eine Muffin-Form mit 12 Vertiefungen einfetten oder mit Papierförmchen auslegen. Mehl, Kakaopulver, Backpulver und Salz in eine große Schüssel sieben. Zucker, Schokotröpfchen und Marshmallows untermengen.

2. Die Eier in einem Rührbecher oder einer Schüssel leicht verquirlen. Milch und Sonnenblumenöl einrühren. In die Mitte der trockenen Zutaten eine Vertiefung drücken und die flüssigen Zutaten hineingießen. Nur kurz vermischen, nicht zu intensiv rühren.

3. Den Teig mit einem Löffel in die Form füllen. Etwa 20 Minuten im Ofen backen, bis die Muffins aufgegangen sind und auf Fingerdruck leicht nachgeben.

4. Die Muffins in der Form 5 Minuten abkühlen lassen. Warm servieren oder aus der Form nehmen und auf einem Kuchengitter ganz auskühlen lassen.

Ergibt 12 Stück

- Öl oder zerlassene Butter, zum Einfetten (falls verwendet)
- 225 g Mehl
- 50 g Kakaopulver
- 3 TL Backpulver
- 1 Prise Salz
- 120 g Zucker
- 100 g weiße Schokotröpfchen
- 50 g weiße Mini-Marshmallows, halbiert
- 2 Eier
- 250 ml Milch
- 6 EL Sonnenblumenöl oder 90 g Butter, zerlassen und abgekühlt

Marmor-Muffins

Ergibt 12 Stück

- Öl oder zerlassene Butter, zum Einfetten (falls verwendet)
- 280 g Mehl
- 3 TL Backpulver
- 1 Prise Salz
- 120 g Zucker
- 2 Eier
- 250 ml Milch
- 6 EL Sonnenblumenöl oder 90 g Butter, zerlassen und abgekühlt
- 5 Tropfen Vanillearoma

2 EL Kakaopulver

1. Den Backofen auf 200 °C vorheizen. Eine Muffin-Form mit 12 Vertiefungen einfetten oder mit Papierförmchen auslegen. Mehl, Backpulver und Salz in eine große Schüssel sieben. Den Zucker untermengen.

2. Die Eier in einem Rührbecher oder einer Schüssel leicht verquirlen. Milch, Sonnenblumenöl und Vanillearoma einrühren. In die Mitte der trockenen Zutaten eine Vertiefung drücken und die flüssigen Zutaten hineingießen. Nur kurz vermischen, nicht zu intensiv rühren.

3. Den Teig auf zwei Schüsseln verteilen. In eine das Kakaopulver sieben und unterrühren. Mit 2 Teelöffeln abwechselnd braunen und weißen Teig in die Förmchen füllen.

4. Etwa 20 Minuten im Ofen backen, bis die Muffins aufgegangen und goldbraun sind und auf Fingerdruck leicht nachgeben.

5. Die Muffins in der Form 5 Minuten abkühlen lassen. Warm servieren oder aus der Form nehmen und auf einem Kuchengitter ganz auskühlen lassen.

10

Feine Schoko-Muffins zum Dessert

Ergibt 12 Stück

- Öl oder zerlassene Butter, zum Einfetten
- 225 g Mehl
- 50 g Kakaopulver
- 3 TL Backpulver
- 1 Prise Salz
- 120 g hellbrauner Zucker
- 2 Eier
- 250 g Schlagsahne
- 6 EL Sonnenblumenöl oder 90 g Butter, zerlassen und abgekühlt
- 90 g Zartbitterschokolade

Sauce

- 200 g Zartbitterschokolade
- 25 g Butter
- 50 g Schlagsahne

1. Den Backofen auf 200 °C vorheizen. Eine Muffin-Form mit 12 Vertiefungen einfetten. Mehl, Kakaopulver, Backpulver und Salz in eine große Schüssel sieben. Den Zucker untermengen.

2. Die Eier in einem Rührbecher oder einer Schüssel leicht verquirlen. Sahne und Sonnenblumenöl einrühren. In die Mitte der trockenen Zutaten eine Vertiefung drücken und die flüssigen Zutaten hineingießen. Nur kurz vermischen, nicht zu intensiv rühren.

3. Die Schokolade in 12 gleich große Stücke brechen. Die Hälfte des Teigs mit einem Löffel in die Form füllen. In jede Vertiefung ein Schokoladenstück geben, dann den restlichen Teig einfüllen. Etwa 20 Minuten im Ofen backen, bis die Muffins aufgegangen sind und auf Fingerdruck leicht nachgeben.

4. Inzwischen für die Sauce die Schokolade zusammen mit der Butter in eine hitzebeständige Schüssel geben und im Wasserbad unter ständigem Rühren schmelzen. Glatt rühren, dann die Sahne einrühren. Vom Herd nehmen und nochmals gut durchrühren.

5. Die Muffins 5 Minuten in der Form abkühlen lassen, dann auf Serviertellern anrichten, mit Sauce übergießen und warm servieren.

Fruchtig & nussig

11

Blaubeer-Muffins

1. Den Backofen auf 200 °C vorheizen. Eine Muffin-Form mit 12 Vertiefungen einfetten oder mit Papierförmchen auslegen. Mehl, Backpulver und Salz in eine große Schüssel sieben. Zucker und Blaubeeren untermengen.

2. Die Eier in einem Rührbecher oder einer Schüssel leicht verquirlen. Milch, Sonnenblumenöl, Vanillearoma und Zitronenschale einrühren. In die Mitte der trockenen Zutaten eine Vertiefung drücken und die flüssigen Zutaten hineingießen. Nur kurz vermischen, nicht zu intensiv rühren.

3. Den Teig mit einem Löffel in die Form füllen. Etwa 20 Minuten im Ofen backen, bis die Muffins aufgegangen und goldbraun sind und auf Fingerdruck leicht nachgeben.

4. Die Muffins in der Form 5 Minuten abkühlen lassen. Warm servieren oder aus der Form nehmen und auf einem Kuchengitter ganz auskühlen lassen.

Ergibt 12 Stück

- Öl oder zerlassene Butter, zum Einfetten (falls verwendet)
- 280 g Mehl
- 3 TL Backpulver
- 1 Prise Salz
- 120 g hellbrauner Zucker
- 150 g tiefgefrorene Blaubeeren
- 2 Eier
- 250 ml Milch
- 6 EL Sonnenblumenöl oder 90 g Butter, zerlassen und abgekühlt
- 5 Tropfen Vanillearoma
- abgeriebene Schale von 1 Zitrone

12

Apfel-Streusel-Muffins

Ergibt 12 Stück

- Öl oder zerlassene Butter, zum Einfetten (falls verwendet)
- 280 g Mehl
- 3 TL Backpulver
- ½ TL Zimt
- 1 Prise Salz
- 120 g hellbrauner Zucker
- 250 g Kochäpfel
- 2 Eier
- 250 ml Milch
- 6 EL Sonnenblumenöl oder 90 g Butter, zerlassen und abgekühlt

Streusel

50 g Mehl

¼ TL Zimt

40 g Butter

25 g hellbrauner Zucker

1. Den Backofen auf 200 °C vorheizen. Eine Muffin-Form mit 12 Vertiefungen einfetten oder mit Papierförmchen auslegen.
2. Für die Streusel Mehl und Zimt in eine Schüssel geben. Die Butter in Flöckchen zufügen und alles mit den Fingern zu einer krümeligen Masse verarbeiten. Den Zucker untermischen und die Streusel beiseitestellen.
3. Für den Muffin-Teig Mehl, Backpulver, Zimt und Salz in eine große Schüssel sieben. Den Zucker untermengen. Die Äpfel schälen, entkernen und fein würfeln. Unter die Mehlmischung rühren.
4. Die Eier in einem Rührbecher oder einer Schüssel leicht verquirlen. Milch und Sonnenblumenöl einrühren. In die Mitte der trockenen Zutaten eine Vertiefung drücken und die flüssigen Zutaten hineingießen. Nur kurz vermischen, nicht zu intensiv rühren.
5. Den Teig mit einem Löffel in die Form füllen. Die Streusel darauf verteilen. Etwa 20 Minuten im Ofen backen, bis die Muffins aufgegangen und goldbraun sind und auf Fingerdruck leicht nachgeben.
6. Die Muffins in der Form 5 Minuten abkühlen lassen. Warm servieren oder aus der Form nehmen und auf einem Kuchengitter ganz auskühlen lassen.

Zitronen-Muffins mit Mohn

1. Den Backofen auf 200 °C vorheizen. Eine Muffin-Form mit 12 Vertiefungen einfetten oder mit Papierförmchen auslegen. Mehl, Backpulver und Salz in eine große Schüssel sieben. Zucker und Mohnsamen untermengen.

2. Die Eier in einem Rührbecher oder einer Schüssel leicht verquirlen. Milch, Sonnenblumenöl und Zitronenschale einrühren. In die Mitte der trockenen Zutaten eine Vertiefung drücken und die flüssigen Zutaten hineingießen. Nur kurz vermischen, nicht zu intensiv rühren.

3. Den Teig mit einem Löffel in die Form füllen. Etwa 20 Minuten im Ofen backen, bis die Muffins aufgegangen und goldbraun sind und auf Fingerdruck leicht nachgeben.

4. Die Muffins in der Form 5 Minuten abkühlen lassen. Warm servieren oder aus der Form nehmen und auf einem Kuchengitter ganz auskühlen lassen.

Ergibt 12 Stück

- Öl oder zerlassene Butter, zum Einfetten (falls verwendet)
- 280 g Mehl
- 3 TL Backpulver
- 1 Prise Salz
- 120 g Zucker
- 2 EL Mohnsamen
- 2 Eier
- 250 ml Milch
- 6 EL Sonnenblumenöl oder 90 g Butter, zerlassen und abgekühlt
- fein abgeriebene Schale von 2 Zitronen

14

Erdbeer-Muffins mit Sahne

Ergibt 12 Stück

- Öl oder zerlassene Butter, zum Einfetten (falls verwendet)
- 150 g Erdbeeren
- 280 g Mehl
- 3 TL Backpulver
- 1 Prise Salz
- 120 g Zucker
- 2 Eier
- 250 g Schlagsahne
- 6 EL Sonnenblumenöl oder 90 g Butter, zerlassen und abgekühlt
- 5 Tropfen Vanillearoma
- 125 g Crème double
- 12 ganze, kleine Erdbeeren, zum Dekorieren

1. Den Backofen auf 200 °C vorheizen. Eine Muffin-Form mit 12 Vertiefungen einfetten oder mit Papierförmchen auslegen. Die Erdbeeren fein würfeln.
2. Mehl, Backpulver und Salz in eine große Schüssel sieben. Zucker und gewürfelte Erdbeeren untermengen.
3. Die Eier in einem Rührbecher oder einer Schüssel leicht verquirlen. Schlagsahne, Sonnenblumenöl und Vanillearoma einrühren. In die Mitte der trockenen Zutaten eine Vertiefung drücken und die flüssigen Zutaten hineingießen. Nur kurz vermischen, nicht zu intensiv rühren.
4. Den Teig mit einem Löffel in die Form füllen. Etwa 20 Minuten im Ofen backen, bis die Muffins aufgegangen und goldbraun sind und auf Fingerdruck leicht nachgeben.
5. Die Muffins in der Form 5 Minuten abkühlen lassen, dann auf einem Kuchengitter ganz auskühlen lassen.
6. Die Crème double steif schlagen, auf die abgekühlten Muffins streichen oder spritzen und jeden Muffin mit einer ganzen Erdbeere dekorieren. Die Muffins bis zum Servieren in den Kühlschrank stellen.

15

Exotische Bananen-Maracuja-Muffins

Ergibt 12 Stück

- Öl oder zerlassene Butter, zum Einfetten (falls verwendet)
- 2 Bananen
- ca. 150 ml Milch
- 280 g Mehl
- 3 TL Backpulver
- 1 Prise Salz
- 120 g hellbrauner Zucker
- 2 Eier
- 6 EL Sonnenblumenöl oder 90 g Butter, zerlassen und abgekühlt
- 5 Tropfen Vanillearoma
- 2 Maracujas
- 2 EL flüssiger Honig

1. Den Backofen auf 200 °C vorheizen. Eine Muffin-Form mit 12 Vertiefungen einfetten oder mit Papierförmchen auslegen. Die Bananen zerdrücken, in einen Messbecher geben und mit Milch auf 250 ml auffüllen.
2. Mehl, Backpulver und Salz in eine große Schüssel sieben. Den Zucker untermengen.
3. Die Eier in einem Rührbecher oder einer Schüssel leicht verquirlen. Bananenmilch, Sonnenblumenöl und Vanillearoma einrühren. In die Mitte der trockenen Zutaten eine Vertiefung drücken und die flüssigen Zutaten hineingießen. Nur kurz vermischen, nicht zu intensiv rühren.
4. Den Teig mit einem Löffel in die Form füllen. Etwa 20 Minuten im Ofen backen, bis die Muffins aufgegangen und goldbraun sind und auf Fingerdruck leicht nachgeben.
5. Die Muffins in der Form 5 Minuten abkühlen lassen. Dann aus der Form nehmen und auf einem Kuchengitter ganz auskühlen lassen.
6. Inzwischen die Maracujas halbieren und das Fruchtfleisch herausschaben. Mit dem Honig in einen kleinen Topf geben und vorsichtig erhitzen. Die Mischung vor dem Servieren auf den Muffins verstreichen.

16

Himbeer-Streusel-Muffins

1. Den Backofen auf 200 °C vorheizen. Eine Muffin-Form mit 12 Vertiefungen einfetten oder mit Papierförmchen auslegen.

2. Für die Streusel das Mehl in eine Schüssel geben. Die Butter in Flöckchen zufügen und alles mit den Fingern zu einer krümeligen Masse verarbeiten. Den Zucker untermischen und die Streusel beiseitestellen.

3. Für den Muffin-Teig Mehl, Backpulver, Natron und Salz in eine große Schüssel sieben. Den Zucker untermengen.

4. Die Eier in einem Rührbecher oder einer Schüssel leicht verquirlen. Joghurt, Sonnenblumenöl und Vanillearoma einrühren. In die Mitte der trockenen Zutaten eine Vertiefung drücken, die flüssigen Zutaten hineingießen und die Himbeeren zugeben. Nur kurz vermischen, nicht zu intensiv rühren.

5. Den Teig mit einem Löffel in die Form füllen. Die Streusel darauf verteilen und leicht andrücken. Etwa 20 Minuten im Ofen backen, bis die Muffins aufgegangen und goldbraun sind und auf Fingerdruck leicht nachgeben.

6. Die Muffins in der Form 5 Minuten abkühlen lassen. Warm servieren oder aus der Form nehmen und auf einem Kuchengitter ganz auskühlen lassen.

Ergibt 12 Stück

- Öl oder zerlassene Butter, zum Einfetten (falls verwendet)
- 280 g Mehl
- 3 TL Backpulver
- ½ TL Natron
- 1 Prise Salz
- 120 g Zucker
- 2 Eier
- 250 g Naturjoghurt
- 6 EL Sonnenblumenöl oder 90 g Butter, zerlassen und abgekühlt
- 5 Tropfen Vanillearoma

150 g tiefgefrorene Himbeeren

Streusel

50 g Mehl

40 g Butter

25 g Zucker

17

Knusprige Erdnussbutter-Muffins

1. Den Backofen auf 200 °C vorheizen. Eine Muffin-Form mit 12 Vertiefungen einfetten oder mit Papierförmchen auslegen. Für den Belag die Erdnüsse fein hacken, mit dem Demerara-Zucker mischen und beiseitestellen.
2. Für den Muffin-Teig Mehl, Backpulver und Salz in eine große Schüssel sieben. Den dunkelbraunen Zucker untermengen.
3. Die Eier in einem Rührbecher oder einer Schüssel leicht verquirlen. Milch, Sonnenblumenöl und Erdnussbutter einrühren. In die Mitte der trockenen Zutaten eine Vertiefung drücken und die flüssigen Zutaten hineingießen. Nur kurz vermischen, nicht zu intensiv rühren.
4. Den Teig mit einem Löffel in die Form füllen und mit dem Erdnussbelag bestreuen. Etwa 20 Minuten im Ofen backen, bis die Muffins aufgegangen und goldbraun sind und auf Fingerdruck leicht nachgeben.
5. Die Muffins in der Form 5 Minuten abkühlen lassen. Warm servieren oder aus der Form nehmen und auf einem Kuchengitter ganz auskühlen lassen.

Ergibt 12 Stück

* Öl oder zerlassene Butter, zum Einfetten (falls verwendet)
* 280 g Mehl
* 3 TL Backpulver
* 1 Prise Salz
* 120 g dunkelbrauner Zucker
* 2 Eier
* 175 ml Milch
* 6 EL Sonnenblumenöl oder 90 g Butter, zerlassen und abgekühlt
* 175 g Erdnussbutter mit Stückchen

Belag

50 g ungesalzene, geröstete Erdnüsse

40 g Demerara-Zucker

18

Aprikosen-Muffins mit gerösteten Mandeln

Ergibt 12 Stück

- 100 g getrocknete Aprikosen
- 3 EL frisch gepresster Orangensaft
- Öl oder zerlassene Butter, zum Einfetten (falls verwendet)
- 50 g abgezogene Mandeln
- 280 g Mehl
- 3 TL Backpulver
- 1 Prise Salz
- 120 g Zucker
- 2 Eier
- 200 ml Buttermilch
- 6 EL Sonnenblumenöl oder 90 g Butter, zerlassen und abgekühlt
- 2 Tropfen Bittermandelaroma
- 40 g Mandelblättchen

1. Die Aprikosen fein hacken, mit dem Orangensaft in eine Schüssel geben und 1 Stunde einweichen. Eine Muffin-Form mit 12 Vertiefungen einfetten oder mit Papierförmchen auslegen.

2. Inzwischen eine Grillpfanne mit Alufolie auslegen und die Mandeln darauf verteilen. Im Backofengrill unter häufigem Wenden goldbraun rösten. Etwas abkühlen lassen, dann grob hacken.

3. Den Backofen auf 200 °C vorheizen. Mehl, Backpulver und Salz in eine große Schüssel sieben. Zucker und gehackte Mandeln untermengen.

4. Die Eier in einem Rührbecher oder einer Schüssel leicht verquirlen. Buttermilch, Sonnenblumenöl und Bittermandelaroma einrühren. In die Mitte der trockenen Zutaten eine Vertiefung drücken und die flüssigen Zutaten hineingießen. Nur kurz vermischen, nicht zu intensiv rühren.

5. Den Teig mit einem Löffel in die Form füllen und mit den Mandelblättchen bestreuen. Etwa 20 Minuten im Ofen backen, bis die Muffins aufgegangen und goldbraun sind und auf Fingerdruck leicht nachgeben.

6. Die Muffins in der Form 5 Minuten abkühlen lassen. Warm servieren oder aus der Form nehmen und auf einem Kuchengitter ganz auskühlen lassen.

19

Walnuss-Zimt-Muffins

Ergibt 12 Stück

- Öl oder zerlassene Butter, zum Einfetten (falls verwendet)
- 280 g Mehl
- 3 TL Backpulver
- 1 TL Zimt
- 1 Prise Salz
- 120 g hellbrauner Zucker
- 100 g Walnüsse, grob gehackt
- 2 Eier
- 250 ml Milch
- 6 EL Sonnenblumenöl oder 90 g Butter, zerlassen und abgekühlt
- 5 Tropfen Vanillearoma

1. Den Backofen auf 200 °C vorheizen. Eine Muffin-Form mit 12 Vertiefungen einfetten oder mit Papierförmchen auslegen. Mehl, Backpulver, Zimt und Salz in eine große Schüssel sieben. Zucker und Walnüsse untermengen.

2. Die Eier in einem Rührbecher oder einer Schüssel leicht verquirlen. Milch, Sonnenblumenöl und Vanillearoma einrühren. In die Mitte der trockenen Zutaten eine Vertiefung drücken und die flüssigen Zutaten hineingießen. Nur kurz vermischen, nicht zu intensiv rühren.

3. Den Teig mit einem Löffel in die Form füllen. Etwa 20 Minuten im Ofen backen, bis die Muffins aufgegangen und goldbraun sind und auf Fingerdruck leicht nachgeben.

4. Die Muffins in der Form 5 Minuten abkühlen lassen. Warm servieren oder aus der Form nehmen und auf einem Kuchengitter ganz auskühlen lassen.

20

Ahorn-Pekannuss-Muffins

1. Den Backofen auf 200 °C vorheizen. Eine Muffin-Form mit 12 Vertiefungen einfetten oder mit Papierförmchen auslegen. Mehl, Backpulver und Salz in eine große Schüssel sieben. Zucker und gehackte Pekannüsse untermengen.

2. Die Eier in einem Rührbecher oder einer Schüssel leicht verquirlen. Buttermilch, Ahornsirup und Sonnenblumenöl einrühren. In die Mitte der trockenen Zutaten eine Vertiefung drücken und die flüssigen Zutaten hineingießen. Nur kurz vermischen, nicht zu intensiv rühren.

3. Den Teig mit einem Löffel in die Form füllen und auf jede Teigportion eine Pekannusshälfte setzen. Etwa 20 Minuten im Ofen backen, bis die Muffins aufgegangen und goldbraun sind und auf Fingerdruck leicht nachgeben.

4. Die Muffins in der Form 5 Minuten abkühlen lassen. Die Oberseiten mit dem zusätzlichen Sirup bestreichen. Warm servieren oder aus der Form nehmen und auf einem Kuchengitter ganz auskühlen lassen.

Ergibt 12 Stück

- Öl oder zerlassene Butter, zum Einfetten (falls verwendet)
- 280 g Mehl
- 3 TL Backpulver
- 1 Prise Salz
- 120 g Zucker
- 100 g Pekannüsse, grob gehackt
- 2 Eier
- 175 ml Buttermilch
- 75 ml Ahornsirup, plus 3 EL zum Glasieren
- 6 EL Sonnenblumenöl oder 90 g Butter, zerlassen und abgekühlt
- 12 Pekannusshälften

Festlich

21

Geburtstags-Muffins

Ergibt 12 Stück

- Öl oder zerlassene Butter, zum Einfetten (falls verwendet)
- 280 g Mehl
- 3 TL Backpulver
- 1 Prise Salz
- 120 g Zucker
- 2 Eier
- 250 ml Milch
- 6 EL Sonnenblumenöl oder 90 g Butter, zerlassen und abgekühlt

fein abgeriebene Schale von 1 Zitrone

12 Minikerzen mit Haltern, zum Dekorieren

Creme

90 g weiche Butter

175 g Puderzucker

1. Den Backofen auf 200 °C vorheizen. Eine Muffin-Form mit 12 Vertiefungen einfetten oder mit Papierförmchen auslegen. Mehl, Backpulver und Salz in eine große Schüssel sieben. Den Zucker untermengen.

2. Die Eier in einem Rührbecher oder einer Schüssel leicht verquirlen. Milch, Sonnenblumenöl und Zitronenschale einrühren. In die Mitte der trockenen Zutaten eine Vertiefung drücken und die flüssigen Zutaten hineingießen. Nur kurz vermischen, nicht zu intensiv rühren.

3. Den Teig mit einem Löffel in die Form füllen. Etwa 20 Minuten im Ofen backen, bis die Muffins aufgegangen und goldbraun sind und auf Fingerdruck leicht nachgeben.

4. Die Muffins in der Form 5 Minuten abkühlen lassen, dann aus der Form nehmen und auf einem Kuchengitter ganz auskühlen lassen.

5. Für die Creme die Butter in einer großen Schüssel schaumig schlagen. Den Puderzucker darübersieben und nochmals aufschlagen.

6. Die abgekühlten Muffins mit der Creme bestreichen, in jeden Muffin einen Kerzenhalter stecken und eine Kerze einsetzen.

22

Kinderfest-Muffins

Ergibt 12 Stück

- Öl oder zerlassene Butter, zum Einfetten (falls verwendet)
- 280 g Mehl
- 3 TL Backpulver
- 1 Prise Salz
- 120 g Zucker
- 2 Eier
- 250 ml Milch
- 6 EL Sonnenblumenöl oder 90 g Butter, zerlassen und abgekühlt
- 5 Tropfen Vanillearoma

verschiedene kleine Süßigkeiten, zum Dekorieren

Guss

175 g Puderzucker

3–4 TL heißes Wasser

1. Den Backofen auf 200 °C vorheizen. Eine Muffin-Form mit 12 Vertiefungen einfetten oder mit Papierförmchen auslegen. Mehl, Backpulver und Salz in eine große Schüssel sieben. Den Zucker untermengen.

2. Die Eier in einem Rührbecher oder einer Schüssel leicht verquirlen. Milch, Sonnenblumenöl und Vanillearoma einrühren. In die Mitte der trockenen Zutaten eine Vertiefung drücken und die flüssigen Zutaten hineingießen. Nur kurz vermischen, nicht zu intensiv rühren.

3. Den Teig mit einem Löffel in die Form füllen. Etwa 20 Minuten im Ofen backen, bis die Muffins aufgegangen und goldbraun sind und auf Fingerdruck leicht nachgeben.

4. Die Muffins in der Form 5 Minuten abkühlen lassen, dann aus der Form nehmen und auf einem Kuchengitter ganz auskühlen lassen.

5. Wenn die Muffins kalt sind, den Guss zubereiten. Den Puderzucker in eine Schüssel sieben, das heiße Wasser zufügen und glatt rühren. Die Masse sollte beim Rühren am Holzlöffel haften bleiben. Auf jeden Muffin einen Löffel Guss geben und mit Süßigkeiten dekorieren. Den Guss vor dem Servieren 30 Minuten fest werden lassen.

23

Valentin-Muffins

1. Für die Marzipanherzen die Arbeitsfläche mit Puderzucker bestäuben, die Marzipanrohmasse darauf 5 mm dick ausrollen und mit einer Plätzchenform 12 Herzen ausstechen. Ein Backblech mit Backpapier auslegen, die Herzen darauflegen und 3–4 Stunden trocknen lassen.

2. Den Backofen auf 200 °C vorheizen. Eine Muffin-Form mit 12 herzförmigen Vertiefungen einfetten. Mehl, Kakaopulver, Backpulver und Salz in eine große Schüssel sieben. Den braunen Zucker untermengen.

3. Die Eier in einer Schüssel leicht verquirlen. Buttermilch und Sonnenblumenöl einrühren. In die Mitte der trockenen Zutaten eine Vertiefung drücken und die flüssigen Zutaten hineingießen. Nur kurz vermischen, nicht zu intensiv rühren.

4. Den Teig mit einem Löffel in die Form füllen. Etwa 20 Minuten im Ofen backen, bis die Muffins aufgegangen sind und auf Fingerdruck leicht nachgeben. Die Muffins in der Form 5 Minuten abkühlen lassen, dann aus der Form nehmen und auf einem Kuchengitter ganz auskühlen lassen.

5. Für die Creme die Schokolade im Wasserbad unter ständigem Rühren schmelzen. Vom Herd nehmen. Die Butter in einer großen Schüssel schaumig schlagen, den Puderzucker darübersieben und unterrühren. Die geschmolzene Schokolade zugeben und alles nochmals aufschlagen. Die Muffins mit der Creme bestreichen und mit den Marzipanherzen dekorieren.

Ergibt 12 Stück

- Öl oder zerlassene Butter, zum Einfetten
- 225 g Mehl
- 50 g Kakaopulver
- 3 TL Backpulver
- 1 Prise Salz
- 120 g hellbrauner Zucker
- 2 Eier
- 250 ml Buttermilch
- 6 EL Sonnenblumenöl oder 90 g Butter, zerlassen und abgekühlt

Marzipanherzen

Puderzucker, zum Bestäuben

70 g Marzipanrohmasse, mit einigen Tropfen roter Lebensmittelfarbe eingefärbt

Creme

50 g Zartbitterschokolade

120 g weiche Butter

225 g Puderzucker

24

Muttertags-Muffins

1. Den Backofen auf 200 °C vorheizen. Eine Muffin-Form mit 12 Vertiefungen einfetten oder mit Papierförmchen auslegen. Mehl, Backpulver und Salz in eine große Schüssel sieben. Den Zucker untermengen.

2. Die Eier in einem Rührbecher oder einer Schüssel leicht verquirlen. Milch, Sonnenblumenöl und Orangenaroma einrühren. In die Mitte der trockenen Zutaten eine Vertiefung drücken und die flüssigen Zutaten hineingießen. Nur kurz vermischen, nicht zu intensiv rühren.

3. Den Teig mit einem Löffel in die Form füllen. Etwa 20 Minuten im Ofen backen, bis die Muffins aufgegangen und goldbraun sind und auf Fingerdruck leicht nachgeben.

4. Die Muffins 5 Minuten in der Form abkühlen lassen. In der Zwischenzeit die Erdbeeren in einer Schüssel anrichten und den Saft in Gläser gießen. Die Muffins mit Puderzucker bestäuben und mit Erdbeeren und Saft servieren.

Ergibt 12 Stück

- Öl oder zerlassene Butter, zum Einfetten (falls verwendet)
- 280 g Mehl
- 3 TL Backpulver
- 1 Prise Salz
- 120 g Zucker
- 2 Eier
- 250 ml Milch
- 6 EL Sonnenblumenöl oder 90 g Butter, zerlassen und abgekühlt

5 Tropfen Orangenaroma

Puderzucker, zum Bestäuben

Zum Servieren

frische Erdbeeren

Fruchtsaft

25

Oster-Muffins

Ergibt 12 Stück

- Öl oder zerlassene Butter, zum Einfetten (falls verwendet)
- 225 g Mehl
- 50 g Kakaopulver
- 3 TL Backpulver
- 1 Prise Salz
- 120 g hellbrauner Zucker
- 2 Eier
- 250 ml Buttermilch
- 6 EL Sonnenblumenöl oder 90 g Butter, zerlassen und abgekühlt
- 250 g kleine Schokoladeneier mit Zuckerglasur, zum Dekorieren

Creme

- 90 g weiche Butter
- 175 g Puderzucker
- 1 EL Milch

1. Den Backofen auf 200 °C vorheizen. Eine Muffin-Form mit 12 Vertiefungen einfetten oder mit Papierförmchen auslegen. Mehl, Kakaopulver, Backpulver und Salz in eine große Schüssel sieben. Den braunen Zucker untermengen.

2. Die Eier in einem Rührbecher oder einer Schüssel leicht verquirlen. Buttermilch und Sonnenblumenöl einrühren. In die Mitte der trockenen Zutaten eine Vertiefung drücken und die flüssigen Zutaten hineingießen. Nur kurz vermischen, nicht zu intensiv rühren.

3. Den Teig mit einem Löffel in die Form füllen. Etwa 20 Minuten im Ofen backen, bis die Muffins aufgegangen sind und auf Fingerdruck leicht nachgeben.

4. Die Muffins in der Form 5 Minuten abkühlen lassen, dann aus der Form nehmen und auf einem Kuchengitter ganz auskühlen lassen.

5. Für die Creme die Butter in einer großen Schüssel schaumig schlagen, den Puderzucker darübersieben und unterrühren. Die Milch zugeben und nochmals aufschlagen.

6. Die Creme in einen Spritzbeutel mit großer Sterntülle füllen und so auf die abgekühlten Muffins spritzen, dass Nester entstehen. In die Mitte jeweils die Schokoladeneier setzen.

26

Erntedank-Muffins mit Cranberrys & Orange

Ergibt 12 Stück

- 200 g getrocknete Cranberrys
- 3 EL frisch gepresster Orangensaft
- Öl oder zerlassene Butter, zum Einfetten (falls verwendet)
- 280 g Mehl
- 3 TL Backpulver
- 1 Prise Salz
- 120 g Zucker
- 2 Eier
- 200 ml Milch
- 6 EL Sonnenblumenöl oder 90 g Butter, zerlassen und abgekühlt
- fein abgeriebene Schale von 1 Orange

1. Die Cranberrys mit dem Orangensaft in eine Schüssel geben und 1 Stunde einweichen. Eine Muffin-Form mit 12 Vertiefungen einfetten oder mit Papierförmchen auslegen.

2. Den Backofen auf 200 °C vorheizen. Mehl, Backpulver und Salz in eine große Schüssel sieben. Den Zucker untermengen.

3. Die Eier in einem Rührbecher oder einer Schüssel leicht verquirlen. Milch, Sonnenblumenöl und Orangenschale einrühren. In die Mitte der trockenen Zutaten eine Vertiefung drücken und die flüssigen Zutaten hineingießen. Cranberrys und Orangensaft zugeben. Nur kurz vermischen, nicht zu intensiv rühren.

4. Den Teig mit einem Löffel in die Form füllen. Etwa 20 Minuten im Ofen backen, bis die Muffins aufgegangen und goldbraun sind und auf Fingerdruck leicht nachgeben.

5. Die Muffins in der Form 5 Minuten abkühlen lassen. Warm servieren oder aus der Form nehmen und auf einem Kuchengitter ganz auskühlen lassen.

Weihnachts-Muffins

Ergibt 12 Stück

- Öl oder zerlassene Butter, zum Einfetten (falls verwendet)
- 280 g Mehl
- 3 TL Backpulver
- 1 TL Piment
- 1 Prise Salz
- 120 g dunkelbrauner Zucker
- 2 Eier
- 100 ml Milch
- 6 EL Sonnenblumenöl oder 90 g Butter, zerlassen und abgekühlt
- 200 g Trockenfrüchtemischung mit kandierten Kirschen und Nüssen
- 450 g Fondant
- Puderzucker, zum Bestäuben
- 2½ TL Aprikosenkonfitüre
- Silberperlen, zum Dekorieren

1. Den Backofen auf 200 °C vorheizen. Eine Muffin-Form mit 12 Vertiefungen einfetten oder mit Papierförmchen auslegen. Mehl, Backpulver, Piment und Salz in eine große Schüssel sieben. Den braunen Zucker untermengen.

2. Die Eier in einem Rührbecher oder einer Schüssel leicht verquirlen. Milch und Sonnenblumenöl einrühren. In die Mitte der trockenen Zutaten eine Vertiefung drücken, die flüssigen Zutaten hineingießen und die Trockenfrüchtemischung zugeben. Nur kurz vermischen, nicht zu intensiv rühren.

3. Den Teig mit einem Löffel in die Form füllen. Etwa 20 Minuten im Ofen backen, bis die Muffins aufgegangen und goldbraun sind und auf Fingerdruck leicht nachgeben.

4. Die Muffins in der Form 5 Minuten abkühlen lassen, dann aus der Form nehmen und auf einem Kuchengitter ganz auskühlen lassen.

5. Den Fondant kneten, bis er geschmeidig ist. Auf einer mit Puderzucker bestäubten Arbeitsfläche 5 mm dick ausrollen und mit einer Plätzchenform 12 „Schneeflocken“ ausstechen.

6. Die Aprikosenkonfitüre erhitzen, bis sie flüssig ist. Die Muffins damit bestreichen. Auf jeden Muffin eine Schneeflocke setzen und mit Silberperlen dekorieren.

28

Hochzeits-Muffins mit Rosen

1. Den Backofen auf 200 °C vorheizen. Je nach Anzahl der Gäste die Zutatenmengen vervielfachen. Dabei jeweils höchstens 24 Muffins in einem Arbeitsgang herstellen. Die benötigte Zahl von Muffin-Formen einfetten oder mit Papierförmchen auslegen. Mehl, Backpulver und Salz in eine große Schüssel sieben. Den Zucker untermengen.

2. Die Eier in einem Rührbecher oder einer Schüssel leicht verquirlen. Milch, Sonnenblumenöl und Vanillearoma einrühren. In die Mitte der trockenen Zutaten eine Vertiefung drücken und die flüssigen Zutaten hineingießen. Nur kurz vermischen, nicht zu intensiv rühren.

3. Den Teig mit einem Löffel in die Form füllen. Etwa 20 Minuten im Ofen backen, bis die Muffins aufgegangen und goldbraun sind und auf Fingerdruck leicht nachgeben. 5 Minuten in der Form abkühlen lassen, dann aus der Form nehmen und auf einem Kuchengitter ganz auskühlen lassen. Gegebenenfalls die Muffins bis zur weiteren Verarbeitung einfrieren.

4. Am Festtag, falls verwendet, frische Rosenknospen oder -blätter abspülen und auf Küchenpapier trocknen lassen. Für den Guss den Puderzucker in eine Schüssel sieben, das Wasser zufügen und glatt rühren. Die Mischung sollte beim Rühren am Holzlöffel haften bleiben. Den Guss mit einem Löffel auf den Muffins verteilen und mit Zuckerrosen, Rosenknospen oder -blättern dekorieren.

Ergibt 12 Stück

- Öl oder zerlassene Butter, zum Einfetten (falls verwendet)
- 280 g Mehl
- 3 TL Backpulver
- 1 Prise Salz
- 120 g Zucker
- 2 Eier
- 250 ml Milch
- 6 EL Sonnenblumenöl oder 90 g Butter, zerlassen und abgekühlt
- 5 Tropfen Vanillearoma

12 Zuckerrosen oder frische Rosenknospen oder -blätter, zum Dekorieren

Guss

175 g Puderzucker

3–4 TL heißes Wasser

29

Jubiläums-Muffins

Ergibt 12 Stück

- Öl oder zerlassene Butter, zum Einfetten (falls verwendet)
- 280 g Mehl
- 3 TL Backpulver
- 1 Prise Salz
- 120 g Zucker
- 2 Eier
- 250 ml Buttermilch
- 6 EL Sonnenblumenöl oder 90 g Butter, zerlassen und abgekühlt

fein abgeriebene Schale von 1 Zitrone

Gold- oder Silberperlen, zum Dekorieren

Creme

90 g weiche Butter

175 g Puderzucker

1. Den Backofen auf 200 °C vorheizen. Eine Muffin-Form mit 12 Vertiefungen einfetten oder mit Papierförmchen auslegen. Mehl, Backpulver und Salz in eine große Schüssel sieben. Den Zucker untermengen.

2. Die Eier in einem Rührbecher oder einer Schüssel leicht verquirlen. Buttermilch, Sonnenblumenöl und Zitronenschale einrühren. In die Mitte der trockenen Zutaten eine Vertiefung drücken und die flüssigen Zutaten hineingießen. Nur kurz vermischen, nicht zu intensiv rühren.

3. Den Teig mit einem Löffel in die Form füllen. Etwa 20 Minuten im Ofen backen, bis die Muffins aufgegangen und goldbraun sind und auf Fingerdruck leicht nachgeben.

4. Die Muffins in der Form 5 Minuten abkühlen lassen, dann aus der Form nehmen und auf einem Kuchengitter ganz auskühlen lassen.

5. Für die Creme die Butter in einer großen Schüssel schaumig schlagen, den Puderzucker darübersieben und nochmals aufschlagen.

6. Die Creme in einen Spritzbeutel mit großer Sterntülle füllen und spiralförmig auf die kalten Muffins spritzen, bis die Oberseite bedeckt ist. Mit den Zuckerperlen dekorieren.

30

Muffins zur Taufe

Ergibt 12 Stück

- Öl oder zerlassene Butter, zum Einfetten (falls verwendet)
- 280 g Mehl
- 3 TL Backpulver
- 1 Prise Salz
- 120 g Zucker
- 2 Eier
- 250 ml Buttermilch
- 6 EL Sonnenblumenöl oder 90 g Butter, zerlassen und abgekühlt

fein abgeriebene Schale von 1 Zitrone

12 rosa oder hellblaue Zuckermandeln, zum Dekorieren

Guss

175 g Puderzucker

3–4 TL heißes Wasser

1–2 Tropfen rote oder blaue Lebensmittelfarbe

1. Den Backofen auf 200 °C vorheizen. Eine Muffin-Form mit 12 Vertiefungen einfetten oder mit Papierförmchen auslegen. Mehl, Backpulver und Salz in eine große Schüssel sieben. Den Zucker untermengen.

2. Die Eier in einem Rührbecher oder einer Schüssel leicht verquirlen. Buttermilch, Sonnenblumenöl und Zitronenschale einrühren. In die Mitte der trockenen Zutaten eine Vertiefung drücken und die flüssigen Zutaten hineingießen. Nur kurz vermischen, nicht zu intensiv rühren.

3. Den Teig mit einem Löffel in die Form füllen. Etwa 20 Minuten im Ofen backen, bis die Muffins aufgegangen und goldbraun sind und auf Fingerdruck leicht nachgeben.

4. Die Muffins 5 Minuten in der Form abkühlen lassen, dann herausnehmen und auf einem Kuchengitter ganz auskühlen lassen.

5. Wenn die Muffins kalt sind, den Guss zubereiten. Den Puderzucker in eine Schüssel sieben, das Wasser zufügen und glatt rühren. Die Masse sollte beim Rühren am Holzlöffel haften bleiben. Den Guss mit der Lebensmittelfarbe eintönen.

6. Den Guss mit einem Löffel auf den Muffins verteilen. Jeden Muffin mit einer Zuckermandel dekorieren. Den Guss vor dem Servieren etwa 30 Minuten fest werden lassen.

Herzhaft

Mais-Muffins

1. Den Backofen auf 200 °C vorheizen. Eine Muffin-Form mit 12 Vertiefungen einfetten oder mit Papierförmchen auslegen. Mehl, Backpulver, Salz und Pfeffer nach Geschmack in eine große Schüssel sieben. Den Maisgrieß untermengen.

2. Die Eier in einem Rührbecher oder einer Schüssel leicht verquirlen. Milch und Sonnenblumenöl einrühren. In die Mitte der trockenen Zutaten eine Vertiefung drücken, die flüssigen Zutaten hineingießen und den Mais zugeben. Nur kurz vermischen, nicht zu intensiv rühren.

3. Den Teig mit einem Löffel in die Form füllen. Etwa 20 Minuten im Ofen backen, bis die Muffins aufgegangen und goldbraun sind und auf Fingerdruck leicht nachgeben.

4. Die Muffins in der Form 5 Minuten abkühlen lassen. Warm servieren oder aus der Form nehmen und auf einem Kuchengitter ganz auskühlen lassen.

Ergibt 12 Stück

- Öl oder zerlassene Butter, zum Einfetten (falls verwendet)
- 175 g Mehl
- 3 TL Backpulver
- 1 Prise Salz
- frisch gemahlener schwarzer Pfeffer
- 120 g feiner Maisgrieß
- 2 Eier
- 250 ml Milch
- 6 EL Sonnenblumenöl oder 90 g Butter, zerlassen und abgekühlt
- 175 g Mais aus der Dose, abgetropft

32

Zucchini-Muffins mit Sesam

Ergibt 12 Stück

- Öl oder zerlassene Butter, zum Einfetten (falls verwendet)
- 300 g kleine, feste Zucchini
- 280 g Mehl
- 3 TL Backpulver
- 1 Prise Salz
- frisch gemahlener schwarzer Pfeffer
- 2 EL Sesamsaat
- ½ TL getrocknete Kräutermischung
- 2 Eier
- 250 ml Buttermilch
- 6 EL Sonnenblumenöl oder 90 g Butter, zerlassen und abgekühlt

1. Den Backofen auf 200 °C vorheizen. Eine Muffin-Form mit 12 Vertiefungen einfetten oder mit Papierförmchen auslegen. Die Zucchini raspeln und gut ausdrücken.
2. Mehl, Backpulver, Salz und Pfeffer nach Geschmack in eine große Schüssel sieben. 4 Teelöffel Sesam und die Kräuter zufügen.
3. Die Eier in einem Rührbecher oder einer Schüssel leicht verquirlen. Buttermilch und Sonnenblumenöl einrühren. In die Mitte der trockenen Zutaten eine Vertiefung drücken, die flüssigen Zutaten hineingießen und die Zucchini zugeben. Nur kurz vermischen, nicht zu intensiv rühren.
4. Den Teig mit einem Löffel in die Form füllen und mit dem restlichen Sesam bestreuen. Etwa 20 Minuten im Ofen backen, bis die Muffins aufgegangen und goldbraun sind und auf Fingerdruck leicht nachgeben.
5. Die Muffins in der Form 5 Minuten abkühlen lassen. Warm servieren.

33

Spinat-Muffins mit Muskatnuss

Ergibt 12 Stück

- Öl oder zerlassene Butter, zum Einfetten (falls verwendet)
- 250 g tiefgefrorener gehackter Spinat, aufgetaut
- 8 EL Sonnenblumenöl
- 1 Zwiebel, fein gehackt
- 1 Knoblauchzehe, fein gehackt
- 280 g Mehl
- 3 TL Backpulver
- ½ TL frisch geriebene Muskatnuss
- 1 Prise Salz
- frisch gemahlener schwarzer Pfeffer
- 2 Eier
- 250 ml Buttermilch
- 40 g Pinienkerne

1. Den Backofen auf 200 °C vorheizen. Eine Muffin-Form mit 12 Vertiefungen einfetten oder mit Papierförmchen auslegen. Den Spinat in einem Sieb abtropfen lassen und gründlich ausdrücken.
2. 2 Esslöffel Sonnenblumenöl in einer Pfanne erhitzen und die Zwiebel darin 3 Minuten weich dünsten. Den Knoblauch zufügen und 1 Minute mitbraten. Den Spinat zugeben und unter ständigem Rühren 2 Minuten erhitzen. Vom Herd nehmen und abkühlen lassen.
3. Inzwischen Mehl, Backpulver, Muskatnuss, Salz und Pfeffer nach Geschmack in eine große Schüssel sieben.
4. Die Eier in einem Rührbecher oder einer Schüssel leicht verquirlen. Buttermilch und restliches Sonnenblumenöl einrühren. In die Mitte der trockenen Zutaten eine Vertiefung drücken und die flüssigen Zutaten hineingießen. Den Spinat mit Zwiebel und Knoblauch zugeben. Nur kurz vermischen, nicht zu intensiv rühren.
5. Den Teig mit einem Löffel in die Form füllen und mit den Pinienkernen bestreuen. Etwa 20 Minuten im Ofen backen, bis die Muffins aufgegangen und goldbraun sind und auf Fingerdruck leicht nachgeben.
6. Die Muffins in der Form 5 Minuten abkühlen lassen. Warm servieren.

34

Muffins mit glasierten Zwiebeln

Ergibt 12 Stück

- Öl oder zerlassene Butter, zum Einfetten (falls verwendet)
- 7 EL Sonnenblumenöl
- 3 Zwiebeln, fein gehackt
- 1 EL Rotweinessig
- 2 TL Zucker
- 280 g Mehl
- 3 TL Backpulver
- 1 Prise Salz
- frisch gemahlener schwarzer Pfeffer
- 2 Eier
- 250 ml Buttermilch

1. Den Backofen auf 200 °C vorheizen. Eine Muffin-Form mit 12 Vertiefungen einfetten oder mit Papierförmchen auslegen. 2 Esslöffel Sonnenblumenöl in einer Pfanne erhitzen und die Zwiebeln darin 3 Minuten glasig dünsten. Essig und Zucker zufügen und die Zwiebeln unter gelegentlichem Rühren 10 Minuten anbräunen. Vom Herd nehmen und abkühlen lassen.

2. In der Zwischenzeit Mehl, Backpulver, Salz und Pfeffer nach Geschmack in eine große Schüssel sieben.

3. Die Eier in einem Rührbecher oder einer Schüssel leicht verquirlen. Buttermilch und restliches Sonnenblumenöl einrühren. In die Mitte der trockenen Zutaten eine Vertiefung drücken und die flüssigen Zutaten hineingießen. 4 Esslöffel Zwiebeln zum Garnieren aufbewahren, die restlichen Zwiebeln in die Eimischung geben. Nur kurz vermischen, nicht zu intensiv rühren.

4. Den Teig mit einem Löffel in die Form füllen und mit den restlichen Zwiebeln bestreuen. Etwa 20 Minuten im Ofen backen, bis die Muffins aufgegangen und goldbraun sind und auf Fingerdruck leicht nachgeben.

5. Die Muffins in der Form 5 Minuten abkühlen lassen. Warm servieren.

35

Parmesan-Muffins mit Pinienkernen

1. Den Backofen auf 200 °C vorheizen. Eine Muffin-Form mit 12 Vertiefungen einfetten oder mit Papierförmchen auslegen. Für den Belag Parmesan und Pinienkerne vermischen und beiseitestellen.

2. Für den Muffin-Teig Mehl, Backpulver, Salz und Pfeffer nach Geschmack in eine große Schüssel sieben. Parmesan und Pinienkerne untermengen.

3. Die Eier in einem Rührbecher oder einer Schüssel leicht verquirlen. Buttermilch und Sonnenblumenöl einrühren. In die Mitte der trockenen Zutaten eine Vertiefung drücken und die flüssigen Zutaten hineingießen. Nur kurz vermischen, nicht zu intensiv rühren.

4. Den Teig mit einem Löffel in die Form füllen und mit dem Belag bestreuen. Etwa 20 Minuten im Ofen backen, bis die Muffins aufgegangen und goldbraun sind und auf Fingerdruck leicht nachgeben.

5. Die Muffins in der Form 5 Minuten abkühlen lassen. Warm servieren.

Ergibt 12 Stück

- Öl oder zerlassene Butter, zum Einfetten (falls verwendet)
- 280 g Mehl
- 3 TL Backpulver
- 1 Prise Salz

frisch gemahlener schwarzer Pfeffer

90 g frisch geriebener Parmesan

60 g Pinienkerne

- 2 Eier
- 250 ml Buttermilch
- 6 EL Sonnenblumenöl oder 90 g Butter, zerlassen und abgekühlt

Belag

10 g frisch geriebener Parmesan

40 g Pinienkerne

36

Käse-Schnittlauch-Muffins mit Käsekruste

1. Den Backofen auf 200 °C vorheizen. Eine Muffin-Form mit 12 Vertiefungen einfetten oder mit Papierförmchen auslegen. Für den Belag das Mehl in eine Schüssel geben, die Butter in Flöckchen zufügen und alles mit den Fingern zu einer krümeligen Masse verarbeiten. Den Käse untermischen und mit Salz und Pfeffer würzen.

2. Für den Muffin-Teig Mehl, Backpulver, Salz und Pfeffer nach Geschmack in eine große Schüssel sieben. Gouda und Schnittlauch untermengen.

3. Die Eier in einem Rührbecher oder einer Schüssel leicht verquirlen. Buttermilch und Sonnenblumenöl einrühren. In die Mitte der trockenen Zutaten eine Vertiefung drücken und die flüssigen Zutaten hineingießen. Nur kurz vermischen, nicht zu intensiv rühren.

4. Den Teig mit einem Löffel in die Form füllen und mit dem Belag bestreuen. Etwa 20 Minuten im Ofen backen, bis die Muffins aufgegangen und goldbraun sind und auf Fingerdruck leicht nachgeben.

5. Die Muffins in der Form 5 Minuten abkühlen lassen. Warm servieren.

Ergibt 12 Stück

- Öl oder zerlassene Butter, zum Einfetten (falls verwendet)
- 280 g Mehl
- 3 TL Backpulver
- 1 Prise Salz

frisch gemahlener schwarzer Pfeffer

150 g mittelalter Gouda, grob gerieben

4 EL frisch gehackter Schnittlauch

- 2 Eier
- 250 ml Buttermilch
- 6 EL Sonnenblumenöl oder 90 g Butter, zerlassen und abgekühlt

Belag

50 g Mehl

40 g Butter

25 g junger Gouda, fein gerieben

Salz und Pfeffer

Muffins mit knusprigem Speck

Ergibt 12 Stück

- Öl oder zerlassene Butter, zum Einfetten (falls verwendet)
- 250 g durchwachsener Speck ohne Schwarte
- 7 EL Sonnenblumenöl
- 1 Zwiebel, fein gehackt
- 280 g Mehl
- 3 TL Backpulver
- 1 Prise Salz
- frisch gemahlener schwarzer Pfeffer
- 2 Eier
- 250 ml Buttermilch

1. Den Backofen auf 200 °C vorheizen. Eine Muffin-Form mit 12 Vertiefungen einfetten oder mit Papierförmchen auslegen. 3 Scheiben Speck in je 4 Stücke schneiden und zum Garnieren beiseitelegen. Den restlichen Speck fein würfeln.

2. 1 Esslöffel Sonnenblumenöl in einer Pfanne erhitzen und die Zwiebel darin 2 Minuten anbraten. Die Speckwürfel zufügen und 5 Minuten unter gelegentlichem Rühren mitbraten, bis sie knusprig sind. Vom Herd nehmen und abkühlen lassen.

3. In der Zwischenzeit Mehl, Backpulver, Salz und Pfeffer nach Geschmack in eine große Schüssel sieben.

4. Die Eier in einem Rührbecher oder einer Schüssel leicht verquirlen. Buttermilch und restliches Sonnenblumenöl einrühren. In die Mitte der trockenen Zutaten eine Vertiefung drücken und die flüssigen Zutaten hineingießen. Speckwürfel und Zwiebel zugeben. Nur kurz vermischen, nicht zu intensiv rühren.

5. Den Teig mit einem Löffel in die Form füllen und auf jede Teigportion ein Speckscheibenstück legen. Etwa 20 Minuten im Ofen backen, bis die Muffins aufgegangen und goldbraun sind und auf Fingerdruck leicht nachgeben.

6. Die Muffins in der Form 5 Minuten abkühlen lassen. Warm servieren.

38

Pikante Chorizo-Muffins

Ergibt 12 Stück

- Öl oder zerlassene Butter, zum Einfetten (falls verwendet)
- 280 g Mehl
- 3 TL Backpulver
- 1 Prise Salz
- 1 TL Paprikapulver, plus etwas mehr zum Bestreuen
- 100 g Chorizo, Haut entfernt und fein gewürfelt
- 1 kleine rote Paprika, fein gehackt
- 2 Eier
- 250 ml Buttermilch
- 6 EL Sonnenblumenöl oder 90 g Butter, zerlassen und abgekühlt
- 1 Knoblauchzehe, zerdrückt

1. Den Backofen auf 200 °C vorheizen. Eine Muffin-Form mit 12 Vertiefungen einfetten oder mit Papierförmchen auslegen. Mehl, Backpulver, Salz und Paprikapulver in eine große Schüssel sieben. Chorizo und gehackte Paprika untermengen.

2. Die Eier in einem Rührbecher oder einer Schüssel leicht verquirlen. Buttermilch, Sonnenblumenöl und Knoblauch einrühren. In die Mitte der trockenen Zutaten eine Vertiefung drücken und die flüssigen Zutaten hineingießen. Nur kurz vermischen, nicht zu intensiv rühren.

3. Den Teig mit einem Löffel in die Form füllen. Etwa 20 Minuten im Ofen backen, bis die Muffins aufgegangen und goldbraun sind und auf Fingerdruck leicht nachgeben.

4. Die Muffins 5 Minuten in der Form abkühlen lassen, dann mit Paprikapulver bestreuen und warm servieren.

39

Mais-Muffins mit Hühnerfleisch

Ergibt 12 Stück

- Öl oder zerlassene Butter, zum Einfetten (falls verwendet)
- 7 EL Sonnenblumenöl
- 1 Zwiebel, fein gehackt
- 1 Hähnchenbrustfilet (175 g), fein gewürfelt
- 280 g Mehl
- 3 TL Backpulver
- 1 Prise Salz
- frisch gemahlener schwarzer Pfeffer
- 2 Eier
- 250 ml Buttermilch
- 75 g Mais aus der Dose, abgetropft
- Paprikapulver, zum Bestreuen

1. Den Backofen auf 200 °C vorheizen. Eine Muffin-Form mit 12 Vertiefungen einfetten oder mit Papierförmchen auslegen. 1 Esslöffel Sonnenblumenöl in einer Pfanne erhitzen und die Zwiebel darin 2 Minuten anbraten. Das Hähnchenbrustfilet zufügen und 5 Minuten unter häufigem Rühren mitgaren. Vom Herd nehmen und abkühlen lassen.

2. In der Zwischenzeit Mehl, Backpulver, Salz und Pfeffer nach Geschmack in eine große Schüssel sieben.

3. Die Eier in einem Rührbecher oder einer Schüssel leicht verquirlen. Die Buttermilch und das restliche Sonnenblumenöl einrühren. In die Mitte der trockenen Zutaten eine Vertiefung drücken und die flüssigen Zutaten hineingießen. Hühnerfleischmischung und Mais zugeben. Nur kurz vermischen, nicht zu intensiv rühren.

4. Den Teig mit einem Löffel in die Form füllen. Etwa 20 Minuten im Ofen backen, bis die Muffins aufgegangen und goldbraun sind und auf Fingerdruck leicht nachgeben.

5. Die Muffins 5 Minuten in der Form abkühlen lassen, mit Paprikapulver bestreuen und warm servieren.

40

Thunfisch-Muffins mit Oliven

1. Den Backofen auf 200 °C vorheizen. Eine Muffin-Form mit 12 Vertiefungen einfetten oder mit Papierförmchen auslegen. 12 Oliven zum Garnieren beiseitelegen, die übrigen fein hacken.

2. Mehl, Backpulver, Salz und Pfeffer nach Geschmack in eine große Schüssel sieben. Die gehackten Oliven untermengen.

3. Die Eier in einem Rührbecher oder einer Schüssel leicht verquirlen. Buttermilch und Sonnenblumenöl einrühren. In die Mitte der trockenen Zutaten eine Vertiefung drücken, die flüssigen Zutaten hineingießen und den Thunfisch zugeben. Nur kurz vermischen, nicht zu intensiv rühren.

4. Den Teig mit einem Löffel in die Form füllen und auf jede Teigportion eine Olive setzen. Etwa 20 Minuten im Ofen backen, bis die Muffins aufgegangen und goldbraun sind und auf Fingerdruck leicht nachgeben.

5. Die Muffins in der Form 5 Minuten abkühlen lassen. Warm servieren.

Ergibt 12 Stück

- Öl oder zerlassene Butter, zum Einfetten (falls verwendet)
- 90 g schwarze Oliven ohne Stein
- 280 g Mehl
- 3 TL Backpulver
- 1 Prise Salz
- frisch gemahlener schwarzer Pfeffer
- 2 Eier
- 250 ml Buttermilch
- 6 EL Sonnenblumenöl oder 90 g Butter, zerlassen und abgekühlt
- 400 g Thunfisch in Öl aus der Dose, abgetropft und zerpflückt

Gesund

41

Vollkorn-Bananen-Muffins

1. Die Rosinen mit dem Orangensaft in eine Schüssel geben und 1 Stunde einweichen. Eine Muffin-Form mit 12 Vertiefungen einfetten oder mit 12 Papierförmchen auslegen.

2. Den Backofen auf 200 °C vorheizen. Beide Mehlsorten und das Backpulver in eine große Schüssel sieben. Die im Sieb zurückgebliebene Kleie zufügen und den Zucker untermengen.

3. Die Bananen zerdrücken, in einen Messbecher geben und mit Milch auf 250 ml auffüllen.

4. Die Eier in einem Rührbecher oder einer Schüssel leicht verquirlen. Bananenmilch, Sonnenblumenöl, Rosinen und Orangenschale einrühren. In die Mitte der trockenen Zutaten eine Vertiefung drücken und die flüssigen Zutaten hineingießen. Nur kurz vermischen, nicht zu intensiv rühren.

5. Den Teig mit einem Löffel in die Form füllen. Etwa 20 Minuten im Ofen backen, bis die Muffins aufgegangen und goldbraun sind und auf Fingerdruck leicht nachgeben.

6. Die Muffins in der Form 5 Minuten abkühlen lassen. Warm servieren oder aus der Form nehmen und auf einem Kuchengitter ganz auskühlen lassen.

Ergibt 12 Stück

50 g Rosinen
3 EL frisch gepresster Orangensaft
Öl oder zerlassene Butter, zum Einfetten (falls verwendet)
140 g Mehl
140 g Weizen-Vollkornmehl
3 TL Backpulver
120 g Zucker
2 Bananen
ca. 100 ml fettarme Milch
2 Eier
6 EL Sonnenblumenöl
abgeriebene Schale von 1 Orange

42

Fettarme Muffins

1. Den Backofen auf 200 °C vorheizen. Eine Muffin-Form mit 12 Vertiefungen einfetten oder mit Papierförmchen auslegen. Mehl, Backpulver und Natron in eine große Schüssel sieben. Den Zucker untermengen.

2. Das Eiweiß in einem Rührbecher oder einer Schüssel leicht verquirlen. Joghurt, Sonnenblumenöl und Vanillearoma einrühren. In die Mitte der trockenen Zutaten eine Vertiefung drücken und die flüssigen Zutaten hineingießen. Nur kurz vermischen, nicht zu intensiv rühren.

3. Den Teig mit einem Löffel in die Form füllen. Etwa 20 Minuten im Ofen backen, bis die Muffins aufgegangen und goldbraun sind und auf Fingerdruck leicht nachgeben.

4. Die Muffins in der Form 5 Minuten abkühlen lassen. Warm servieren.

Ergibt 12 Stück

* Öl oder zerlassene Butter, zum Einfetten (falls verwendet)
* 280 g Mehl
* 3 TL Backpulver
* ½ TL Natron
* 120 g Zucker
* 2 Eiweiß
* 250 g fettarmer Naturjoghurt
* 3 EL Sonnenblumenöl
* 5 Tropfen Vanillearoma

43

Hafer-Muffins mit Cranberrys

1. Den Backofen auf 200 °C vorheizen. Eine Muffin-Form mit 12 Vertiefungen einfetten oder mit Papierförmchen auslegen. Mehl und Backpulver in eine große Schüssel sieben. Zucker, Haferflocken und Cranberrys untermengen.

2. Die Eier in einem Rührbecher oder einer Schüssel leicht verquirlen. Buttermilch, Sonnenblumenöl und Vanillearoma einrühren. In die Mitte der trockenen Zutaten eine Vertiefung drücken und die flüssigen Zutaten hineingießen. Nur kurz vermischen, nicht zu intensiv rühren.

3. Den Teig mit einem Löffel in die Form füllen. Etwa 20 Minuten im Ofen backen, bis die Muffins aufgegangen und goldbraun sind und auf Fingerdruck leicht nachgeben.

4. Die Muffins in der Form 5 Minuten abkühlen lassen. Warm servieren oder aus der Form nehmen und auf einem Kuchengitter ganz auskühlen lassen.

Ergibt 12 Stück

- Öl oder zerlassene Butter, zum Einfetten (falls verwendet)
- 140 g Mehl
- 3 TL Backpulver
- 120 g dunkelbrauner Zucker
- 140 g Haferflocken
- 90 g getrocknete Cranberrys
- 2 Eier
- 250 ml Buttermilch
- 6 EL Sonnenblumenöl
- 5 Tropfen Vanillearoma

44

Müsli-Muffins

1. Den Backofen auf 200 °C vorheizen. Eine Muffin-Form mit 12 Vertiefungen einfetten oder mit Papierförmchen auslegen. Mehl und Backpulver in eine große Schüssel sieben. Müsli und Zucker untermengen.

2. Die Eier in einem Rührbecher oder einer Schüssel leicht verquirlen. Buttermilch und Sonnenblumenöl einrühren. In die Mitte der trockenen Zutaten eine Vertiefung drücken und die flüssigen Zutaten hineingießen. Nur kurz vermischen, nicht zu intensiv rühren.

3. Den Teig mit einem Löffel in die Form füllen. Etwa 20 Minuten im Ofen backen, bis die Muffins aufgegangen und goldbraun sind und auf Fingerdruck leicht nachgeben.

4. Die Muffins in der Form 5 Minuten abkühlen lassen. Warm servieren oder aus der Form nehmen und auf einem Kuchengitter ganz auskühlen lassen.

Ergibt 12 Stück

- Öl oder zerlassene Butter, zum Einfetten (falls verwendet)
- 140 g Mehl
- 3 TL Backpulver
- 280 g ungesüßtes Müsli
- 120 g hellbrauner Zucker
- 2 Eier
- 250 ml Buttermilch
- 6 EL Sonnenblumenöl

45

Ingwer-Muffins mit Weizenkeimen

1. Den Backofen auf 200 °C vorheizen. Eine Muffin-Form mit 12 Vertiefungen einfetten oder mit Papierförmchen auslegen. Mehl, Backpulver und gemahlenen Ingwer in eine große Schüssel sieben. Zucker, Weizenkeime und gehackte Ingwerpflaumen untermengen.

2. Die Eier in einem Rührbecher oder einer Schüssel leicht verquirlen. Milch und Sonnenblumenöl einrühren. In die Mitte der trockenen Zutaten eine Vertiefung drücken und die flüssigen Zutaten hineingießen. Nur kurz vermischen, nicht zu intensiv rühren.

3. Den Teig mit einem Löffel in die Form füllen. Etwa 20 Minuten im Ofen backen, bis die Muffins aufgegangen und goldbraun sind und auf Fingerdruck leicht nachgeben.

4. Die Muffins in der Form 5 Minuten abkühlen lassen. Warm servieren oder aus der Form nehmen und auf einem Kuchengitter ganz auskühlen lassen.

Ergibt 12 Stück

- Öl oder zerlassene Butter, zum Einfetten (falls verwendet)
- 140 g Mehl
- 3 TL Backpulver
- 4 TL gemahlener Ingwer
- 120 g dunkelbrauner Zucker
- 140 g Weizenkeime
- 3 Ingwerpflaumen in Sirup, fein gehackt
- 2 Eier
- 250 ml fettarme Milch
- 6 EL Sonnenblumenöl

46

Würzige Apfel-Hafer-Muffins

1. Den Backofen auf 200 °C vorheizen. Eine Muffin-Form mit 12 Vertiefungen einfetten oder mit Papierförmchen auslegen. Mehl, Backpulver und Lebkuchengewürz in eine große Schüssel sieben. Zucker und 140 g Haferflocken untermengen.

2. Die ungeschälten Äpfel entkernen, fein würfeln und unter die Mehlmischung rühren.

3. Die Eier in einem Rührbecher oder einer Schüssel leicht verquirlen. Milch, Apfelsaft und Sonnenblumenöl einrühren. In die Mitte der trockenen Zutaten eine Vertiefung drücken und die flüssigen Zutaten hineingießen. Nur kurz vermischen, nicht zu intensiv rühren.

4. Den Teig mit einem Löffel in die Form füllen und mit den restlichen Haferflocken bestreuen. Etwa 20 Minuten im Ofen backen, bis die Muffins aufgegangen und goldbraun sind und auf Fingerdruck leicht nachgeben.

5. Die Muffins in der Form 5 Minuten abkühlen lassen. Warm servieren oder aus der Form nehmen und auf einem Kuchengitter ganz auskühlen lassen.

Ergibt 12 Stück

- Öl oder zerlassene Butter, zum Einfetten (falls verwendet)
- 140 g Mehl
- 3 TL Backpulver
- 1 TL Lebkuchengewürz
- 120 g hellbrauner Zucker
- 175 g Haferflocken
- 250 g Dessertäpfel
- 2 Eier
- 125 ml fettarme Milch
- 125 ml Apfelsaft
- 6 EL Sonnenblumenöl

Sonnenblumenkern-Muffins

1. Den Backofen auf 200 °C vorheizen. Eine Muffin-Form mit 12 Vertiefungen einfetten oder mit Papierförmchen auslegen. Mehl und Backpulver in eine große Schüssel sieben. Zucker, Haferflocken, Sultaninen und 100 g Sonnenblumenkerne untermengen.

2. Die Eier in einem Rührbecher oder einer Schüssel leicht verquirlen. Milch, Sonnenblumenöl und Vanillearoma einrühren. In die Mitte der trockenen Zutaten eine Vertiefung drücken und die flüssigen Zutaten hineingießen. Nur kurz vermischen, nicht zu intensiv rühren.

3. Den Teig mit einem Löffel in die Form füllen und mit den restlichen Sonnenblumenkernen bestreuen. Etwa 20 Minuten im Ofen backen, bis die Muffins aufgegangen und goldbraun sind und auf Fingerdruck leicht nachgeben.

4. Die Muffins in der Form 5 Minuten abkühlen lassen. Warm servieren oder aus der Form nehmen und auf einem Kuchengitter ganz auskühlen lassen.

Ergibt 12 Stück

- Öl oder zerlassene Butter, zum Einfetten (falls verwendet)
- 140 g Mehl
- 3 TL Backpulver
- 120 g hellbrauner Zucker
- 140 g Haferflocken
- 100 g Sultaninen
- 125 g Sonnenblumenkerne
- 2 Eier
- 250 ml fettarme Milch
- 6 EL Sonnenblumenöl
- 5 Tropfen Vanillearoma

48

Ballaststoffreiche Muffins

1. Den Backofen auf 200 °C vorheizen. Eine Muffin-Form mit 12 Vertiefungen einfetten oder mit Papierförmchen auslegen. Die Frühstücksflocken mit der Milch in eine Schüssel geben und 5 Minuten einweichen.

2. Inzwischen Mehl, Backpulver, Zimt und Muskatnuss in eine große Schüssel sieben. Zucker und Rosinen untermengen.

3. Die Eier in einem Rührbecher oder einer Schüssel leicht verquirlen. Das Sonnenblumenöl einrühren. In die Mitte der trockenen Zutaten eine Vertiefung drücken, die flüssigen Zutaten hineingießen und die Frühstücksflocken zufügen. Nur kurz vermischen, nicht zu intensiv rühren.

4. Den Teig mit einem Löffel in die Form füllen. Etwa 20 Minuten im Ofen backen, bis die Muffins aufgegangen und goldbraun sind und auf Fingerdruck leicht nachgeben.

5. Die Muffins in der Form 5 Minuten abkühlen lassen. Warm servieren oder aus der Form nehmen und auf einem Kuchengitter ganz auskühlen lassen.

Ergibt 12 Stück

- Öl oder zerlassene Butter, zum Einfetten (falls verwendet)
- 140 g Frühstücksflocken mit hohem Kleieanteil
- 250 ml fettarme Milch
- 140 g Mehl
- 3 TL Backpulver
- 1 TL Zimt
- ½ TL frisch geriebene Muskatnuss
- 120 g Zucker
- 100 g Rosinen
- 2 Eier
- 6 EL Sonnenblumenöl

Knusper-Muffins

1. Für die Knuspermischung die Haferflocken in eine große Pfanne geben und ohne Fett bei geringer Hitze 1 Minute rösten. Mandeln, Sonnenblumenkerne und Rosinen zugeben und alles noch weitere 6–8 Minuten rösten, bis die Mischung zu bräunen beginnt. Den Zucker zufügen und unter ständigem Rühren 1 Minute erhitzen, bis er schmilzt.

2. Den Backofen auf 200 °C vorheizen. Eine Muffin-Form mit 12 Vertiefungen einfetten oder mit Papierförmchen auslegen. Beide Mehlsorten und das Backpulver in eine große Schüssel sieben. Die im Sieb zurückgebliebene Kleie zufügen. Zucker und Knuspermischung untermengen.

3. Die Eier in einem Rührbecher oder einer Schüssel leicht verquirlen. Milch und Sonnenblumenöl einrühren. In die Mitte der trockenen Zutaten eine Vertiefung drücken und die flüssigen Zutaten hineingießen. Nur kurz vermischen, nicht zu intensiv rühren.

4. Den Teig mit einem Löffel in die Form füllen. Etwa 20 Minuten im Ofen backen, bis die Muffins aufgegangen und goldbraun sind und auf Fingerdruck leicht nachgeben.

5. Die Muffins in der Form 5 Minuten abkühlen lassen. Warm servieren oder aus der Form nehmen und auf einem Kuchengitter ganz auskühlen lassen.

Ergibt 12 Stück

- Öl oder zerlassene Butter, zum Einfetten (falls verwendet)
- 140 g Mehl
- 140 g Weizen-Vollkornmehl
- 3 TL Backpulver
- 90 g hellbrauner Zucker
- 2 Eier
- 250 ml fettarme Milch
- 6 EL Sonnenblumenöl

Knuspermischung

- 75 g Haferflocken
- 25 g abgezogene Mandeln, gehackt
- 25 g Sonnenblumenkerne
- 25 g Rosinen
- 25 g hellbrauner Zucker

Rosinen-Kleie-Muffins

Ergibt 12 Stück

- Öl oder zerlassene Butter, zum Einfetten (falls verwendet)
- 140 g Mehl
- 3 TL Backpulver
- 140 g Weizenkleie
- 120 g Zucker
- 150 g Rosinen
- 2 Eier
- 250 ml fettarme Milch
- 6 EL Sonnenblumenöl
- 5 Tropfen Vanillearoma

1. Den Backofen auf 200 °C vorheizen. Eine Muffin-Form mit 12 Vertiefungen einfetten oder mit Papierförmchen auslegen. Mehl und Backpulver in eine große Schüssel sieben. Kleie, Zucker und Rosinen untermengen.

2. Die Eier in einem Rührbecher oder einer Schüssel leicht verquirlen. Milch, Sonnenblumenöl und Vanillearoma einrühren. In die Mitte der trockenen Zutaten eine Vertiefung drücken und die flüssigen Zutaten hineingießen. Nur kurz vermischen, nicht zu intensiv rühren.

3. Den Teig mit einem Löffel in die Form füllen. Etwa 20 Minuten im Ofen backen, bis die Muffins aufgegangen und goldbraun sind und auf Fingerdruck leicht nachgeben.

4. Die Muffins in der Form 5 Minuten abkühlen lassen. Warm servieren oder aus der Form nehmen und auf einem Kuchengitter ganz auskühlen lassen.